Siddhartha wird zum
BUDDHA

Zehn spirituelle Theaterstücke

Sri Chinmoy

THE G●LDEN SHORE

Titel der Originalausgabe:
'Siddhartha Becomes the Buddha'
© by Sri Chinmoy, New York 1993

Coverdesign: Edith Neumann
Coverphoto: Ranjit

1. Auflage 1994
© 1994 by "The Golden Shore
Verlagsges. mbH, Nürnberg"

ISBN 3-89532-018-8

The Golden Shore Verlagsges. mbH
Glockendonstr. 31
D-90429 Nürnberg

Druck: Printing Service, Augsburg

SIDDHARTHA WIRD ZUM
BUDDHA
SRI CHINMOY

INHALTSVERZEICHNIS

Wer ist der Besitzer: Derjenige, der Leben bewahrt,
oder derjenige, der es nimmt? 7

Prinz Siddhartha verläßt den Palast 15

Siddhartha wird zu Buddha, dem Erleuchteten 27

Vater, bitte gib mir meinen Anteil 39

Buddha braucht ein paar Senfkörner 45

Wo Sein und Nicht-Sein zusammenfinden 53

Hier und nirgendwo sonst 59

Sariputra, du bist ein Narr 81

Buddham Saranam Gacchami 71

Sariputra, du bist ein Narr 81

Buddha und Ananda 85

* * *

Begegnung mit U Thant 90

Über den Autor 92

WER IST DER BESITZER:
DERJENIGE, DER LEBEN BEWAHRT,
ODER DERJENIGE, DER ES NIMMT?

Wer ist der Besitzer: Derjenige, der Leben bewahrt, oder derjenige, der es nimmt?

MITWIRKENDE:

PRINZ SIDDHARTHA
DEVADATTA, SIDDHARTHAS COUSIN
RICHTER

I. Szene

(Prinz Siddhartha geht in beschaulicher Stimmung im Garten spazieren. Ganz plötzlich fällt ein Vogel vor ihm auf den Boden.)

SIDDHARTHA: Ah, armer Vogel! Mir blutet das Herz. Wer hat das getan? Wer hat dich verletzt? Wer hat diesen Pfeil auf dich geschossen? Armer, unschuldiger Vogel! Laß mich den Pfeil aus deinem Körper ziehen. *(Er entfernt den Pfeil.)* So, jetzt will ich versuchen, dich zu heilen.

(Devadatta tritt auf.)

DEVADATTA: Siddhartha, das ist mein Vogel. Welches Recht hast du, mir meinen Vogel zu nehmen? Gib ihn mir!

SIDDHARTHA: Nein, das ist mein Vogel, Devadatta.

DEVADATTA: Dein Vogel! Ich habe diesen Vogel geschossen. Er gehört mir. Das ist mein Pfeil. Ich habe auf den Vogel geschossen, und er fiel hier zu Boden. Er gehört mir, mir, er ist mein Eigentum, mein Besitz!

SIDDHARTHA: Devadatta, wenn ich den Pfeil nicht aus dem Vogel gezogen hätte, wäre er jetzt schon tot.

DEVADATTA: Es geht nicht darum, ob der Vogel jetzt schon tot wäre oder noch nicht tot wäre. Der Vogel lebt und er ist mein Eigentum. Meine Kraft, meine Geschicklichkeit, mein Können haben den Vogel auf die Erde heruntergebracht. Du kannst ihn nicht bekommen. Jeder schätzt und bewundert dich wegen deines Herzens, wegen deiner Liebenswürdigkeit. Aber nun soll die Welt mein Können und meine Geschicklichkeit anerkennen.

9

Sei du zufrieden mit dem, was du hast: Liebe. Und ich werde zufrieden sein mit dem, was ich habe: Stärke. Meine Stärke und meine Geschicklichkeit im Bogenschießen verdienen diesen Vogel, nicht deine Liebe.

SIDDHARTHA: O Devadatta, du hast die Kraft zu töten und ich habe die Kraft zu lieben. Aber da ich nun dieses Tier, diesen armen, unschuldigen Vogel besitze, sollst du ihn nicht zurückbekommen.

DEVADATTA: Siddhartha, es gibt eine Zeit, deiner Philosophie zuzuhören, und es gibt Leute, die deiner Philosophie zuhören. Doch jetzt ist nicht der richtige Zeitpunkt, und ich bin nicht die richtige Person. Du kannst deine Philosophie anderen gegenüber vertreten, die so wie du sein wollen, die in der Mondwelt leben wollen und keinen Sinn für das Praktische haben. Das Leben muß praktisch sein. Das Leben braucht Stärke, das Leben braucht Kraft. Aber dein Leben ist ein Leben der Faulheit und der falschen Freundlichkeit. Du solltest stark sein. Du bist der Prinz, und du wirst bald ein Königreich regieren müssen. Diese falsche Haltung wird dir in keiner Weise helfen. Was ich heute getan habe, wirst du noch Millionen Male tun. Ich hätte fast einen Vogel getötet. Du wirst eines Tages Menschen töten. Dann wird sich deine Philosophie ändern.

SIDDHARTHA: Nein, Devadatta, meine Philosophie wird immer die gleiche bleiben. Meine Philosophie ist die Philosophie des Mitgefühls, und nicht die Philosophie der Zerstörung.

DEVADATTA: Bleib du bei deiner Philosophie und laß mich bei meiner bleiben. Meine Philosophie ist Macht. Deine Philosophie ist Mitgefühl. Schön und gut. Jetzt gib mir meinen Vogel.

SIDDHARTHA: Tut mir leid, aber ich werde ihn dir nicht geben.

DEVADATTA: Bist du bereit, vor Gericht um diesen Vogel zu kämpfen?

SIDDHARTHA: Ja, ich bin völlig bereit.

II. Szene

(Vor Gericht)

RICHTER: Prinz, warum behältst du einen Vogel, der einem anderen gehört? Zugegeben, du hast Mitleid mit dem Vogel und schenkst ihm deine Liebe. Du schenkst allem deine Liebe. Doch das Gesetz sagt, daß der Vogel Devadatta gehört. Er war es, der den Vogel herunter auf die Erde brachte. Er ist sein Eigentum.

SIDDHARTHA: Ehrwürdiger Richter, ich weiß nichts über Rechtsprechung, aber mein Herz sagt mir, daß derjenige, der Leben bewahrt, der Besitzer ist, nicht derjenige, der Leben nimmt. Mir blutete das Herz wegen des Vogels, und ich rettete ihn. Ich bin bereit, mein eigenes Leben für den Vogel hinzugeben.

DEVADATTA: Siddhartha, du verstehst zu reden. Du weißt ganz genau, daß niemand dich anstelle des Vogels töten wird. Komm uns nicht mit deinem falschen Mitleid.

RICHTER: Devadatta, der Richter bin ich. Ich will ihn anhören.

SIDDHARTHA: O Herr, ich fühle, daß der Vogel mir gehört, weil ich sein Leben gerettet habe. Devadatta hat ihn beinahe getötet. Bitte sag mir, wer ist bedeutender; derjenige, der Leben bewahrt oder derjenige, der es zerstört?

RICHTER: Prinz, ich stimme dir zu. Derjenige, der Leben bewahrt, ist unendlich viel bedeutender als derjenige, der das Leben nimmt. Du hast dem Vogel das Leben gerettet; deswegen kannst du den Vogel für dich beanspruchen. Der Vogel ist dein. Wer Leben rettet oder neues Leben gibt, ist der wahre Besitzer, und nicht derjenige, der das Leben nimmt oder zerstört. Heute warst du bereit, dein Leben für einen Vogel zu geben. Es wird ein Tag kommen, an dem du dein Leben der ganzen Menschheit darbringen wirst; das sehe ich klar voraus. Dein Herz wird danach schreien, den dunklen Verstand der Menschheit zu erleuchten. Deine Seele wird danach schreien, das Bewußtsein der Menschheit zu erheben.

DEVADATTA: Siddhartha, heute hat deine Kraft der Liebe den Sieg errungen, doch ein Tag wird kommen, an dem ich dich mit meiner Kraft der Zerstörung bezwingen werde. Du wirst sehen, daß Macht die Liebe besiegt.

SIDDHARTHA: Devadatta, du hast unrecht. Die Liebe wird immer siegen, denn Liebe ist die Allmächtige Kraft.

Prinz Siddhartha verläßt den Palast

Prinz Siddhartha

verlässt den Palast

Mitwirkende:

Prinz Siddhartha
Channa, Siddharthas Kutscher
Ein alter Mann
Ein kranker Mann
Ein toter Mann
Ein spiritueller Mann

I. SZENE

(Channa fährt den Prinzen durch die Straßen.)

SIDDHARTHA: Channa, heute bin ich so glücklich. Es ist das erste Mal, daß ich aus dem Palast herauskomme. Jetzt nehme ich den wirklichen Duft des Lebens wahr. Sieh diese schöne Aussicht. Mein ganzes Wesen ist völlig hingerissen.

CHANNA: O Prinz, deine Freude ist auch meine Freude. Ich stehe dir immer zur Verfügung.

(Ganz plötzlich sieht Siddhartha einen alten Mann vor sich.)

SIDDHARTHA: Channa, wer ist dieser Mann? Er kann nicht einmal gehen. Wie seltsam — sein Haar ist weiß. Meine Haare sind schwarz und deine auch. Alle im Palast haben schwarze Haare. Was ist mit dem Haar dieses Mannes los?

CHANNA: Prinz, er ist ein alter Mann, deshalb ist er sehr schwach und kann nicht richtig gehen. Alte Menschen haben weiße Haare. Eines Tages werden wir beide auch alt sein.

SIDDHARTHA: Ich? Ich soll alt werden? Unmöglich! Ich bedaure diesen alten Mann. Channa, ich glaube nicht, daß ich jemals alt werden muß.

CHANNA: Prinz, wie sehr wünsche ich, daß du nie alt wirst! Doch leider kann niemand dem Alter entkommen.

SIDDHARTHA: Channa, dieser alte Mann, der so mager und schwach ist, tut mir wirklich sehr leid. Laß uns zum Palast zurückkehren. Ich hoffe, daß ich morgen keinen alten Mann sehen muß.

CHANNA: O nein, morgen werde ich dich auf einer anderen Straße ausfahren.

SIDDHARTHA: Allein der Gedanke daran, später alt zu werden, macht mich traurig.

CHANNA: Mich auch, Prinz.

II. Szene

(Am darauffolgenden Tag fährt Channa Siddhartha auf einer anderen Straße aus.)

SIDDHARTHA: Das Leben außerhalb des Palastes ist wunderschön, Channa. Hier ist alles frisch, bezaubernd und seelenvoll.

CHANNA: Ich bin froh, daß dir die Fahrt Spaß macht.

SIDDHARTHA: Im Palast gibt es nichts als Luxus. Außerhalb des Palastes ist alles Schönheit, die Schönheit der Natur, die Schönheit des Lebens.

(Plötzlich sieht Siddhartha einen Mann auf der Straße liegen.)

SIDDHARTHA: Channa, wer ist dieser Mann? Er kann nicht einmal richtig sitzen. Er liegt da unten auf der Straße. Er hält sich den Kopf mit der einen Hand und den Bauch mit der anderen. Seine Augen sind tief eingesunken. Er stöhnt und vergießt bittere Tränen. Was ist mit ihm los? Es scheint, daß er sehr schwer atmet.

CHANNA: Prinz, der Mann ist krank. Er hat starke Schmerzen in Kopf und Bauch. Vielleicht hat er auch noch andere Gebrechen. Prinz, jeder wird ab und zu einmal krank.

SIDDHARTHA: Nein, ich bin nie krank gewesen. Ich mache mir solche Sorgen um diesen Mann. Kann ich ihm irgendwie helfen?

CHANNA: Nein, du kannst ihm nicht helfen, Prinz. Nur ein Arzt kann ihm helfen. Ich bin sicher, daß einige seiner Freunde ihn bald zu einem Arzt bringen. Prinz, wir sollten diesen Ort verlassen. So wie gestern ist deine Freude auch heute zunichte gemacht. Die Welt ist voller Elend.

SIDDHARTHA: Ich verstehe. Ich hatte das gar nicht gewußt. Morgen müssen wir einen anderen Weg nehmen, um durch das Königreich zu fahren.

CHANNA: Gewiß. Morgen fahren wir durch andere Straßen.

III. Szene

(Am nächsten Tag. Siddhartha und Channa fahren im Wagen, Channa hat einen neuen Weg eingeschlagen.)

SIDDHARTHA: Schönheit, Schönheit! Heute sehe und fühle ich wahre Schönheit auf Erden. Wir haben eine weite Strecke zurückgelegt. Wir sind an einer Reihe schöner Stellen vorbeigefahren.

(Plötzlich erblickt Siddhartha einige Leute, die einen Mann auf ihren Schultern tragen. Tränen laufen von ihren Wangen.)

SIDDHARTHA: Channa, was ist mit diesem Mann los? Warum müssen ihn andere tragen? Und warum weinen sie?

CHANNA: Ah, der Mann da ist tot.

SIDDHARTHA: Was meinst du damit?

CHANNA: In ihm ist kein Leben mehr, Prinz. Sein Spiel auf Erden ist vorbei. Alle müssen einmal sterben. Alle müssen die Welt verlassen. Alle müssen den Tod erleiden.

SIDDHARTHA: Ich nicht! Ich will nicht sterben. Meine geliebte Frau muß auch sterben? Mein Liebling Rahul muß auch sterben? Nein, das kann nicht sein. Ich werde einen solchen Verlust nicht ertragen können.

CHANNA: Prinz, jeder, der auf Erden lebt, muß einmal sterben. Niemand kann für immer leben.

SIDDHARTHA: Channa, ich kann das nicht glauben. Ich will es nicht glauben. Ich muß den Tod besiegen, nicht nur für mich, sondern für jeden. Channa, bitte sag mir, ob es irgend etwas gibt, das mächtiger und zerstörerischer ist als der Tod.

CHANNA: Nein, Prinz, es gibt nichts, das mächtiger oder zerstörerischer ist als der Tod. Der Tod bezwingt jeden. Wir sind alle Sklaven des Todes.

SIDDHARTHA: Ich nicht!

CHANNA: Wir sind alle in der Gewalt des Todes.

SIDDHARTHA: Ich nicht! Channa, jetzt, wo ich einen Alten, einen Kranken und einen Toten gesehen habe, glaube ich alles Übel gesehen zu haben, das mir die Welt zeigen kann. Doch etwas in meinem Inneren sagt mir, daß es Dinge gibt, die ich noch nicht gesehen habe. Ich möchte morgen wieder ausfahren.

CHANNA: Wenn du noch einmal den Palast verlassen willst, werde ich überglücklich sein, dich zu fahren, Prinz.

IV. Szene

(Am nächsten Tag. Siddhartha und Channa fahren im Wagen durch die Straßen.)

SIDDHARTHA: Channa, wir haben ein gutes Stück zurückgelegt. Heute ist alles wunderbar. Heute brauche ich keine Alten, Kranken oder Toten zu sehen. Heute betrachte ich allein die Schönheit der Natur, den Glanz der Natur, die Liebe der Natur, das Herz und die Seele der Natur - und daran erfreue ich mich.

(Plötzlich erblickt er jemanden, der unter einem Baum meditiert.)

SIDDHARTHA: Wer ist der Mann da, Channa? Was macht er dort am Fuß des Baumes? Warum sind seine Augen geschlossen? Was macht er mit der Kette aus Holzperlen?

CHANNA: Ich beantworte deine Fragen eine nach der anderen, Prinz. Wer ist der Mann? Er ist ein spiritueller Mensch. Was macht er am Fuß des Baumes? Er betet und meditiert. Warum sind seine Augen geschlossen? Er glaubt, daß sein Gebet aufrichtiger und seine Meditation kraftvoller sein werden, wenn er die Augen geschlossen hält. Was macht er mit der Holzperlenkette? Er wiederholt den Namen Gottes, und mit den Perlen zählt er die Wiederholungen.

SIDDHARTHA: Ich glaube alles, was du sagst, aber was hat er davon, wenn er ein solches Leben führt?

CHANNA: Er wird unendlichen Frieden und unendliche Freude erlangen.

SIDDHARTHA: Unendlichen Frieden? Unendliche Freude? Ich muß hingehen und mit ihm sprechen. Channa, komm mit.

23

Laß uns hingehen, um mit diesem merkwürdigen Mann zu sprechen.

CHANNA: Ja, das ist eine gute Idee.

(Sie verlassen den Wagen und nähern sich dem spirituellen Mann.)

SIDDHARTHA: Könnte ich deinen Namen erfahren? Wovon lebst du?

(Keine Antwort)

SIDDHARTHA: Weißt du, daß ich Prinz Siddhartha bin? Meinem Vater gehört das Königreich; er ist der Herr über dieses Reich. Du mißachtest seinen Sohn. Ich kann mit dir alles machen, was ich will. Um Gottes willen, verschwende nicht meine wertvolle Zeit!

(Der spirituelle Mann antwortet nicht.)

CHANNA: Prinz, vergib mir. Ich muß dir etwas sagen. Er ist ein spiritueller Mensch. Er betet zu Gott; er meditiert auf Gott. Wir sollten ihn nicht stören. Wer weiß, was gerade in ihm vorgeht? Vielleicht unterhalten sich Gott und er innerlich miteinander. Vielleicht sagt Gott ihm gerade, wie er unendlichen Frieden und unendliche Seligkeit erlangen kann.

SIDDHARTHA: Ich brauche das. Ich brauche unendlichen Frieden und unendliche Seligkeit, Channa. Glaubst du, daß ich jemals diese Art von Frieden und Seligkeit erreichen werde?

CHANNA: Warum nicht? Warum nicht? Ohne Zweifel wirst auch du unendlichen Frieden und unendliche Seligkeit erlangen, wenn du wie dieser spirituelle Mann betest und meditierst.

SIDDHARTHA: Channa, dann fängt für mich morgen ein neues Leben an. Ich werde Tag und Nacht beten und meditieren. Mein jetziges Leben im Luxus ist nichts mehr für mich. Ich werde das Leben der Armut willkommen heißen. Ich werde das Leben der Entsagung annehmen. Ich werde das Leiden auf dieser Welt beenden. Ich weiß, die Wurzel allen Leidens ist Unwissenheit. Ich werde den riesigen Unwissenheitsbaum mitsamt der Wurzel ausreißen, Channa; ich werde ihn auslöschen. Am ersten Tag sah ich einen alten Mann, am zweiten einen kranken Mann, am dritten einen toten Mann. Heute, am vierten Tag, treffe ich auf einen spirituellen Mann. Entweder morgen oder in nächster Zeit oder in ferner Zukunft werde ich einen anderen Mann sehen, der unendliches Licht, unendlichen Frieden und unendliche Seligkeit besitzt. Ohne das Licht der Ewigkeit, den Frieden der Unendlichkeit und die Wonne der Unsterblichkeit ist mein Leben bedeutungslos und nutzlos. Das Menschliche in mir beendet heute seine Rolle, Channa. Schluß mit diesem Leben des Vergnügens! Das Göttliche in mir soll morgen seine Rolle aufnehmen. Von jetzt an gibt es für mich nur noch das Leben allumfassenden Friedens und transzendentaler Seligkeit.

SIDDHARTHA WIRD ZU BUDDHA, DEM ERLEUCHTETEN

Siddhartha wird zu Buddha, dem Erleuchteten

Mitwirkende:

Prinz Siddhartha (später der Buddha)
Sujata
Fünf Asketen

I. Szene

(Siddhartha sitzt in hoher Meditation unter einem Baum. Fünf Asketen kommen herbei.)

1. ASKET: O Siddhartha! Siddhartha! Schaut euch Siddhartha an!

2. ASKET: Ich bin sicher, er wird bald die höchste Wahrheit erkennen und verwirklichen.

3. ASKET: Zweifellos.

4. ASKET: Auch wir haben nach unserer Verwirklichung geschrieen. Wir haben zu Gott gebetet und in unserem Innern sehr hart gearbeitet. Aber trotzdem liegt die Verwirklichung Gottes für uns in weiter Ferne. Ich bin froh, daß wenigstens einer Gott verwirklichen wird.

5. ASKET: Zumindest Siddhartha wird die höchste Wahrheit erreichen. Es kommt nicht darauf an, wer die Wahrheit zuerst erkennt; ich will, daß die Menschen von Unwissenheit befreit werden.

1. ASKET: Wir sollten ihn nicht stören. Er befindet sich in tiefer Meditation, in Trance. Wir sollten den armen Siddhartha nicht stören. Möge Gott ihn segnen. Er ißt überhaupt nichts. Er trinkt nur Wasser. Er ist ja so schwach, so schwach. Armer Kerl! Solch ein hartes, entsagungsvolles Leben! Ich bin sicher, Gott wird ihm bald die Erleuchtung gewähren.

2. ASKET: Er hätte alle Freuden dieser Welt genießen können. Er war der Prinz und hätte in jeder Hinsicht ein Leben des Vergnügens führen können.

3. ASKET: Er weiß, daß das Leben des Genusses ihm keine bleibende Zufriedenheit geben kann.

4. ASKET: Aber es ist sehr schwer, die Regungen und Wünsche des Vitalen zu bezwingen.

5. ASKET: Gott hat mit Siddharthas Leben etwas Besonderes vor. Ich fühle das ganz klar.

(Sujata kommt herein, verbeugt sich vor Siddhartha und stellt eine Schale mit Süßigkeiten vor ihn. Siddhartha öffnet die Augen und nimmt von Sujatas Speise.)

SUJATA: O Weiser, ich bin dir so dankbar, daß du mein Essen annimmst. Du hast tagelang nichts gegessen. Dein Körper ist so schwach, so mager geworden. Von jetzt an werde ich dir regelmäßig zu essen bringen. Du betest zu Gott. Ich werde dir dienen. Ich bin so froh, so dankbar, daß du meinen hingebungsvollen Dienst annimmst.

SIDDHARTHA: Ich bin zu der Erkenntnis gelangt, daß es nicht richtig ist, aller Nahrung zu entsagen. Der extreme Pfad ist nicht der rechte Weg. Der Weg der Mitte ist bei weitem der beste. Um die höchste Wahrheit zu erlangen, braucht man das Essen nicht völlig aufzugeben. Man muß eine maßvolle Menge an Nahrung zu sich nehmen. Man muß die Nahrung essen, die nötig für die Gesundheit ist, um den Körper bei Kräften zu halten. Doch gleichzeitig darf man kein gieriger Esser sein. Wenn ich die höchste Wahrheit verwirkliche, werde ich den Weg der Mitte lehren.

1. ASKET: Schande, Schande! Schaut euch Siddhartha an! Er nimmt Nahrung zu sich.

2. ASKET: Schaut, wer ihm dient! So ein schönes Mädchen!

3. ASKET: Ja, was kann man schon erwarten? Wie lange kann jemand sein vitales Leben beherrschen?

4. ASKET: Ach, Siddhartha ist gefallen.

5. ASKET: Er verdient unsere Wertschätzung und Bewunderung nicht. Er hat von so einem schönen Mädchen Süßigkeiten genommen. Er nährt seine Sinne und seinen Körper. Seht, das Leben des Genusses hat schon begonnen. Eine Frau ist genug, um das innere Streben eines Mannes zu zerstören, ganz egal, wie aufrichtig, wie hingegeben er ist. Eine schöne Frau reicht aus, um selbst einen so großen Gottsucher vom Pfad der Wahrheit abzubringen. Kommt, wir gehen.

1. ASKET: Wer ist schuld? Das Mädchen oder Siddhartha?

2. ASKET: Ich gebe dem Mädchen die Schuld. Sie hat Siddharthas Strebsamkeit zerstört.

3. ASKET: Ich gebe Siddhartha die Schuld. Warum ist er auch so schwach gewesen? Wenn er in seinem Geist stark gewesen wäre, hätte er sie abweisen können.

4. ASKET: Gut, aber du mußt zugeben, daß es eine schwierige Aufgabe ist, die falschen Regungen der vitalen Triebe zu überwinden.

5. ASKET: Es ist auch schwer, zu Gott zu beten und auf die Wahrheit zu meditieren.

4. ASKET: Aber da er nun mal den Versuch unternommen hat, das Höchste zu verwirklichen, hätte er weitermachen sollen.

5. ASKET: Mir tut er leid. Zugleich habe ich das Gefühl, daß er für uns jetzt nutzlos ist. Ich hatte angenommen, er würde uns erleuchten, sobald er seine eigene Erleuchtung erlangt hätte.

3. ASKET: Ich dachte das gleiche. Aber das ist jetzt unmöglich. Gehen wir, gehen wir. Siddhartha ist gescheitert, Siddhartha ist gefallen.

(Die fünf Asketen gehen.)

(Während der ganzen Zeit füttert Sujata Siddhartha und zeigt ihm ihre liebende, seelenvolle Dankbarkeit. Tränen der Dankbarkeit rinnen aus ihren Augen.)

SIDDHARTHA: Sujata, beachte sie überhaupt nicht. Das sind unwissende Menschen. Von unwissenden Leuten kann man nur Unwissenheit erwarten. Du bist gekommen, um mir Essen zu bringen, und ich bin dir dafür dankbar. Du wirst immer meine segensreiche Freude fühlen.

SUJATA: O Weiser, ich beachte diese Asketen gar nicht. Sie sind Dummköpfe. Sie sehen nicht deine vollkommene Aufrichtigkeit. Sie sehen nicht dein brennendes Verlangen nach der Wahrheit, nach Gott. Sie werden Tausende von Jahren brauchen, um Gott zu verwirklichen, aber mir ist klar, daß du bald dein Ziel erreichen wirst. Ich sehe, daß der Tag deiner Verwirklichung ganz schnell näher kommt.

SIDDHARTHA: Sie kamen, und jetzt sind sie gegangen. Sie sahen etwas in mir und wollten deshalb bei mir bleiben. Aber als sie sahen, wie ich von dir Essen annahm, da verließen sie mich. Sie gingen, weil ihr Verstand noch immer unrein ist, weil ihr Vitales noch mehr geläutert werden muß, weil sie ihr Leben nicht mit meinem aufstrebenden Bewußtsein und deinem hingebungsvollen Bewußtsein identifizieren konnten. Deine Hingabe erkannte und fühlte die Tiefe meines Strebens. Und mein Streben fühlt die Tiefe deiner Hingabe. Sujata, ich segne dich von ganzem Herzen und von ganzer Seele. Hier werde ich sitzen bleiben, hier am Fuße des Bodhi-Baumes. Hier werde ich die Wahrheit erkennen. Ich werde diesen Ort nicht mehr verlassen.

Selbst wenn ich an Kälte, Hunger, Durst oder irgend etwas anderem leide, ich werde nicht von der Stelle weichen. Genau an dieser Stelle muß meine Erleuchtung stattfinden. Ich werde dem Leid ein Ende bereiten.

(Sujata verneigt sich vor Siddhartha und geht. Siddhartha singt:)

Hihãsane shushyatu me sharirãm
Twagasthi mãngsam pralayancha jãtu
Aprãpya bodhing vahukalpa durlabhãm
Naivãsanãt kayamatah chãilishye

(Hier an diesem Ort mag mein Körper verdorren;
Haut, Knochen und Fleisch mögen vergehen.
Ohne die höchste Wahrheit erlangt zu haben,
die schwer, nur in unzähligen Äonen zu erreichen ist,
werde ich von diesem Ort gewiß nicht weichen.)

(Siddhartha meditiert. Er sieht verschiedene Gesichter des Lebens. Das Leben des Genusses, vitale Regungen, sexuelle Kräfte — sie alle versuchen, in ihn ein-zudringen.)

SIDDHARTHA: Ah! Diese Regungen des niederen Vitalen versuchen in mich einzudringen. Nein, ich werde es nicht zulassen. Ich habe meine innere, unbeugsame Stärke. Ich werde gegen sie kämpfen.

(Siddhartha meditiert mit ungeheurer Entschlossen-heit. Plötzlich ist sein ganzes Wesen von Licht überflutet. Er beginnt zu singen.)

Mein Herz wird nicht mehr
schluchzen oder trauern.
Meine Tage und Nächte vergehen
in Gottes eigenem Licht.
Über der Mühsal des Lebens
ist meine Seele ein Feuervogel,
sich aufschwingend ins Unendliche.

Ich habe den Einen
und Sein geheimes Spiel geschaut,
habe das Meer
des Unwissenheitstraums überquert.
Im Einklang mit Ihm
spiele und singe ich,
mein ist das goldene Auge
des Erhabenen.

Tieftrunken von Unsterblichkeit
bin ich Wurzel und Äste
einer fruchtbaren Weite.
Meine Form habe ich erkannt
und verwirklicht,
Der Erhabene und ich sind eins
— alles überdauern wir.

*(Plötzlich beginnt sein Körper goldenes Licht
auszustrahlen und Siddhartha wird der Erleuchtete:
Buddha.)*

BUDDHA: Nun endlich, endlich kenne ich die Wahrheit! Ich
kenne den Weg. Ich kenne den Weg, der die Not beendet, und
den Baum des Leidens entwurzelt. Von heute an werde ich der
Menschheit mit meinem inneren Licht dienen. Ich habe die
Wahrheit geschaut, und diese Wahrheit wird jeder Mensch auf
Erden erlangen. Meine Wahrheit ist für alle. Meine Verwirklichung ist für alle. Ich bin für alle. Mein Leben, mein hingegebe-

nes Leben ist für die Menschheit. Jetzt, da ich das Transzendentale Licht in mir trage, werde ich in die Welt hinausgehen, um andere zu lehren.

(Buddha geht.)

II. Szene

(Die fünf Asketen meditieren. Buddha tritt auf.)

BUDDHA: Jetzt bin ich in Benares angekommen, einem heiligen Ort.

(Er sieht die fünf Asketen.)

BUDDHA: Ah! Hier sind die fünf Asketen, die zu mir kamen und mich dann verließen.

1. ASKET: Schaut, da ist Siddhartha wieder!

2. ASKET: Aber diesmal kann er uns nichts vormachen.

3. ASKET: Sicher nicht. Er legt uns nicht mehr herein.

4. ASKET: Doch schaut ihn euch an! Er sieht anders aus.

5. ASKET: Ich sehe etwas in ihm, etwas Seltsames.

1. ASKET: Also, ich glaube, ich sehe Licht in ihm.

3. ASKET: Sein ganzes Gesicht leuchtet.

4. ASKET: Sein Gesicht? Sein ganzer Körper strahlt!

5. ASKET: Er ist erleuchtet, vollkommen erleuchtet!

(Buddha nähert sich ihnen. Einer nach dem anderen berührt die Füße des Erleuchteten, mit seinem mitleidsvollen Lächeln segnet Buddha sie.)

2. ASKET: Siddhartha, du bist nicht mehr Siddhartha.

3. ASKET: Du bist der Erleuchtete.

1. ASKET: O Buddha, wir baden im Meer deines Lichtes.

4. ASKET: Buddha, wir sind deine ersten Schüler.

ALLE ZUSAMMEN: Mit uns beginnt die Reise deiner Manifestation. Mit uns beginnt die Manifestation deiner Botschaft.

(Buddha gewährt Ihnen ein Lächeln voller Mitleid, Freude und Stolz.)

BUDDHA: Meine Kinder, meine süßen Kinder, ihr habt mein Mitleid. Ihr habt mein Licht. Ihr habt meine Wonne.

VATER, BITTE GIB MIR MEINEN ANTEIL

VATER, BITTE GIB MIR MEINEN ANTEIL

MITWIRKENDE:

BUDDHA
BUDDHAS SCHÜLER
RAHUL, BUDDHAS SOHN

I. Szene

(Buddha mit seinen Schülern. Rahul, sein Sohn, tritt ein. Die Schüler geraten beim Anblick von Buddhas jungem Sohn in Aufregung.)

RAHUL: Vater?

BUDDHA: Ja, mein Sohn?

RAHUL: Mutter sagt, du habest Hunderten von Menschen Freude geschenkt. Jetzt will ich auch Freude von dir erhalten.

BUDDHA: Mein Sohn, sag mir, welche Art von Freude du von mir willst.

RAHUL: Ich möchte meinen Anteil an deinem Reichtum, an deinem Besitz. Alle sind durch deinen Wohlstand reich geworden. Jetzt will ich auch reich werden.

BUDDHA: Mein Sohn, mein Reichtum ist von anderer Art. Ich habe kein Geld. Ich habe keinen materiellen Besitz. Ich habe nur inneren Reichtum, und der besteht aus Frieden, Licht und Seligkeit.

RAHUL: Vater, ich weiß, Mutter hat mir von deinem Reichtum erzählt. Du hast unendlichen Frieden, unendliche Liebe, unendliche Freude, unendliche Seligkeit. Davon möchte ich meinen Anteil. Ich bin dein Sohn. Ich will deinem Pfad folgen.

BUDDHA: Aber du bist ein Kind, du bist ein kleiner Junge. Wie kannst du jetzt schon einen spirituellen Pfad annehmen?

RAHUL: Vater, was ist daran falsch? Ist deine Spiritualität nur für Erwachsene und nicht für Kinder? Ist die Wahrheit, die du erlangt hast, nur für die Älteren? Ist Wahrheit nicht für jeden da? Ist Gott nicht für jeden da, Vater?

BUDDHA: Wunderbar, mein Kind, wunderbar, mein Sohn! Ich gestehe meine Niederlage ein. Die Wahrheit ist für alle. Und du kannst an meiner Liebe, meinem Frieden und meinem Licht teilhaben, so wie es andere bereits tun. Ich teile meine Freude, meinen Frieden und meine Erleuchtung mit dir.

RAHUL: Vater, hast du mich als deinen Schüler angenommen?

BUDDHA: Ja, ich habe dich von ganzem Herzen und ganzer Seele angenommen, mein Sohn.

RAHUL: Dann mußt du jemand anderen genauso annehmen. Es gibt da noch einen Sucher, den du als deinen Schüler annehmen mußt.

BUDDHA: Wer? Wen muß ich annehmen, mein Sohn?

RAHUL: Meine Mutter. Meine Mutter möchte deine Schülerin sein.

BUDDHA: (Stutzt) Mein Sohn, Frauen nehme ich nicht als meine Schüler, als meine wirklichen Schüler an.

RAHUL: Vater, warum nicht? Ist es Frauen nicht bestimmt, die höchste Wahrheit zu verwirklichen? Dein Herz ist groß. Jeder sagt, Buddhas Herz sei so weit wie der endlose Ozean. Wenn dein Herz so groß ist, warum enthältst du dann den Frauen die Wahrheit vor, die du erkannt hast? Vater, das ist ungerecht. Du mußt meine Mutter annehmen. Und an dem Tag, da du sie annimmst, mußt du alle Frauen annehmen.

BUDDHA: Mein Sohn, ich bin wahrhaft stolz auf dich. Du bist zwar noch ein Kind, du hast noch nicht einmal elf Sommer gesehen, aber dein inneres Wissen ist so tief. Mein Sohn, deine Kenntnis der Wahrheit hat mich mit maßloser Freude und Stolz erfüllt. Die Welt hört auf mich. Ich habe Hunderte von Schülern, und sie hören mit Ergebenheit auf mich. Ich höre auf dich mit dem Stolz meines Herzens und mit der Freude meiner Seele. Geh und sage deiner Mutter, daß ich auch sie als meine wahre Schülerin angenommen habe. Heute führe ich euch beide in den Sangha, meine spirituelle Gemeinschaft, ein.

BUDDHA
BRAUCHT EIN PAAR SENFKÖRNER

BUDDHA
BRAUCHT EIN PAAR SENFKÖRNER

MITWIRKENDE:

BUDDHA
KRISHNA GAUTAMI, EINE SCHÜLERIN
EINE DAME
EIN MANN
EIN KLEINES MÄDCHEN

I. Szene

(Buddha befindet sich in tiefer Meditation mit weit geöffneten Augen. Krisha Gautami, die ihr totes Kind in den Armen hält, tritt ein. Sie legt das Kind Buddha zu Füßen.)

GAUTAMI: O Weiser, o Meister, o Herr, o Licht der Welt, bitte, bitte mach mein Kind wieder lebendig. Es ist mein einziges Kind.

BUDDHA: Gautami, klage nicht, weine nicht. Tue einfach, was ich dir sage.

GAUTAMI: O Meister, ich werde alles tun, was du willst, auf der Stelle, wenn du nur mein Kind wieder lebendig machst.

BUDDHA: Gautami, ich möchte, daß du mir ein paar Senfkörner besorgst. Aber sie müssen von einer Familie kommen, die nicht vom Tod heimgesucht wurde. Denk daran, du darfst mir die Senfsamen nur aus einem Haus bringen, das nicht vom Tod heimgesucht wurde.

GAUTAMI: O Meister, das ist ja ganz einfach. Ich werde gehen und dir die Senfsamen bringen. Kannst du meinen Sohn dann heilen?

BUDDHA: Ja, Gautami, ich kann es tun, wenn du mir Senfsamen aus einem Haus bringst, in dem niemand gestorben ist.

II. Szene

(Gautami geht von Tür zu Tür.)

GAUTAMI: O Mutter, bitte gib mir ein paar Senfkörner. Mein einziges Kind ist gestorben, und Buddha hat mir gesagt, er werde mein Kind wieder lebendig machen, wenn ich ihm einige Senfkörner bringe.

DIE DAME: Kein Problem. Ich hole dir welche.

GAUTAMI: O ehrwürdige Frau, bitte warte. Sage mir erst, ist jemand in deiner Familie gestorben?

DIE DAME: Wann?

GAUTAMI: Irgendwann einmal.

DIE DAME: Erst letztes Jahr habe ich meinen Mann verloren.

(Sie fängt an zu weinen.)

GAUTAMI: Dann kann ich deine Senfkörner nicht annehmen.

(Gautami vergießt bittere Tränen und geht weiter zum nächsten Haus. Ein Mann öffnet die Tür.)

GAUTAMI: Mein Herr, bitte gib mir ein paar Senfkörner. Ich brauche sie dringend.

DER MANN: Gerne, Senfkörner kann ich dir geben. Ich werde sie für dich holen.

GAUTAMI: Bitte sag mir zuerst, ist jemand in deiner Familie gestorben?

DER MANN: Ach, es ist gerade eine Woche her, daß ich meine Frau verloren habe, die mir das Liebste auf der Welt war.

GAUTAMI: Ach, dann kann ich keine Senfkörner von dir annehmen.

(Wieder vergießt Gautami bittere Tränen und geht zu einem anderen Haus. Ein kleines Mädchen öffnet die Tür.)

GAUTAMI: Mein Kind, du bist so hübsch. Bitte bring mir ein paar Senfkörner. Bitte geh und frag deine Mutter, ob sie mir ein paar Senfkörner geben könnte.

DAS KLEINE MÄDCHEN: Ich weiß, wo meine Mutter Senfkörner aufbewahrt. Ich werde sie dir bringen.

GAUTAMI: Sag mir doch, was macht dein Vater?

DAS KLEINE MÄDCHEN: Mein Vater? *(Sie fängt zu weinen an.)* Mein Vater ist im Himmel. Vor zwei Monaten ist mein Vater ganz plötzlich gestorben.

GAUTAMI: Mein Kind, ich kann von dir keine Senfkörner nehmen.

(Weinend geht Gautami weiter zur nächsten Tür.)

III. Szene

(Gautami kehrt zu Buddha zurück.)

GAUTAMI: O Meister, ich bin in so vielen Häusern gewesen. Jede Familie hat jemanden verloren. Es scheint, daß es keine Familie gibt, die keinen Toten zu beklagen hat.

BUDDHA: Gautami, du hast recht. Keine Familie auf Erden kann behaupten, daß der Tod sie nicht heimgesucht hat. Du leidest, und so wie du leiden viele, viele andere. Viele haben gelitten und viele werden leiden. Nicht nur viele, Gautami — alle. Jeder muß durch den Tod leiden. Wir kamen vom Licht und wir werden zum Licht zurückkehren.

GAUTAMI: Aber Vater, es war mein einziges Kind. Wie kann ich Trost finden? Wer wird mich trösten?

BUDDHA: Wer dich trösten wird, Gautami? Ich werde dich trösten.

GAUTAMI: Bitte tröste mich, Vater. Du bist der einzige, der es kann.

BUDDHA: Gautami, solange es das Leben gibt, wird es auch den Tod geben. Auf eine Geburt muß immer der Tod folgen und auf den Tod muß wieder die Geburt folgen. Nun, Gautami, ich werde dir die Ursache des Leidens nennen. Du hast dein einziges Kind verloren. Dein Leben ist von Kummer überwältigt. Doch die Ursache deines Kummers ist nicht der Tod. Die Ursache des Leidens ist Begehren. An dem Tag, an dem du das Begehren bezwingst, besiegst du auch das Leiden. Bete und meditiere. Du wirst das Begehren überwinden und in demselben Augenblick wirst du sehen, daß Licht und Seligkeit deine ständigen Freunde geworden sind.

GAUTAMI: O Weiser, du bist mein Meister. Heute erkenne ich dich. Ich habe niemanden auf der Welt, niemanden. Ich habe keinen Mann, kein Kind, niemanden außer dir. Du bist mein Alles. Du hast mich getröstet. Was ich jetzt von dir brauche, ist innere Erleuchtung. Ich werde dir mein ganzes Leben widmen, bedingungslos, von ganzem Herzen. Durch meinen Dienst, den ich dir weihe, Meister, werde ich meine Erleuchtung erlangen.

BUDDHA: Gautami, du hast recht, du hast vollkommen recht. Mein Kind, dein Leben ist für das Reich ewiger Wonne bestimmt. Meditiere auf Gott. Meditiere auf die Wahrheit. Du wirst Frieden, Freude und Seligkeit erlangen.

Wo Sein und Nicht-Sein

ZUSAMMENFINDEN

Wo Sein und Nicht-Sein
Zusammenfinden

Mitwirkende:

König Prasenjit

Kshema, ein bedeutender Schüler Buddhas

I. SZENE

KÖNIG: Kshema, du bist ein bedeutender Schüler Buddhas. Er ist stolz auf deine Weisheit, und ich bin fasziniert von deiner spirituellen Einsicht. Du bist erst seit wenigen Tagen in meinem Palast, aber du hast allen Mitgliedern meiner königlichen Familie viel Weisheit geschenkt. Ich bin dir zutiefst dankbar.

KSHEMA: O König, ich bin so froh, daß ich meinem Herrn Buddha in Eurer königlichen Familie dienen konnte.

KÖNIG: Kshema, erkläre mir in wenigen Worten die Philosophie Buddhas. Du mußt mir vergeben, aber ich habe nicht viel Zeit. Meine Arbeit für das Königreich bringt mich fast um. Ich bin überlastet, aber ich interessiere mich sehr für Buddhas Philosophie. Erkläre sie mir in wenigen Worten.

KSHEMA: Eure Majestät, Buddhas Lehre ist sehr einfach. Er verkündet uns die Botschaft der Entsagung. Er verkündet uns die Botschaft des Mitleids. Durch Entsagung und Mitleid kann man in das Nirvana eingehen.

KÖNIG: Noch etwas, Kshema.

KSHEMA: Sagt es mir.

KÖNIG: Warum hat Buddha nicht von der Seele gesprochen? Wir Hindus glauben alle an die Existenz der Seele. Ohne die Seele kann ja nichts getan werden.

KSHEMA: Das ist wahr, von der Seele hat er nicht gesprochen, aber er hat von dem inneren Licht gesprochen. Was ist dieses innere Licht, wenn nicht die Seele? Er hat zwar den Begriff Seele nicht gebraucht, doch was er inneres Licht nennt, ist nichts als die Seele.

55

KÖNIG: Er hat das Wort Gott nicht gebraucht. Wir Hindus glauben an Gott.

KSHEMA: Zugegeben, er hat nicht von Gott gesprochen. Aber er hat den Begriff Wahrheit gebraucht. Was ist Wahrheit? Wahrheit ist Gott. Gott ist Wahrheit. Sobald man die höchste Wahrheit verwirklicht, wird man Gott, den Unendlichen, verwirklichen.

KÖNIG: Mir scheint, daß Buddha weder das Leben nach dem Tod, noch das Leben nach dem Nirvana erwähnt hat.

KSHEMA: Das stimmt, Buddha hat weder vom Leben nach dem Tod noch vom Leben nach dem Nirvana gesprochen, aber er hat uns erklärt, warum der Tod existiert, und er hat uns ein wenig vom Nirvana erzählt. Er hat uns die Botschaft des Friedens gegeben. Der Tod existiert dann, wenn es keinen Frieden gibt. Wenn man Frieden hat, gibt es keinen Tod. Was das Leben nach dem Nirvana betrifft, so müssen wir zuerst erkennen, was Nirvana ist. Nirvana ist unendliche Seligkeit. Was kann es schon nach unendlicher Seligkeit geben?

KÖNIG: Ich verstehe deine Philosophie nicht, Kshema.

KSHEMA: Laßt mich versuchen, sie Euch zu erklären. Von Eurem Palast aus könnt Ihr doch den Ganges sehen?

KÖNIG: Ja.

KSHEMA: Ihr könnt den Sand an den Ufern des Ganges sehen. Nun beauftragt irgend jemanden aus Eurem Königreich, die Sandkörner zu zählen! Oder schickt jemanden, um das Gewicht des Ozeans festzustellen! Kann jemand aus Eurem Königreich das vollbringen, Eure Majestät?

KÖNIG: Es tut mir leid, ich glaube nicht, daß jemand die Zahl der Sandkörner zählen oder das Gewicht des Ozeans bestimmen kann.

KSHEMA: Das ist wahr. Niemand ist in der Lage, die Sandkörner am Ufer des Ganges zu zählen oder das Wasser des Ozeans zu wiegen. Auf ähnliche Weise ist die Seligkeit unendlich, wenn man in das Nirvana eingeht. Sie kann nicht gemessen, gewogen oder gezählt werden. Sie ist unergründlich. In jenem höchsten Reich der Seligkeit sehen wir, daß sich Sein und Nicht-Sein zusammenfinden. Dort sind Nicht-Sein und Sein untrennbar und unbeschreibbar.

Hier

UND NIRGENDWO SONST

HIER

UND NIRGENDWO SONST

MITWIRKENDE:

BUDDHA
MEHRERE SCHÜLER
ANGULIMAL, EIN RÄUBER
KÖNIG PRASENJIT
KÖNIG UDAYAN VON KAUSHAMBI
MAGANDIYA, SEINE FRAU
WÄCHTER
ANANDA, BUDDHAS LIEBSTER SCHÜLER

I. Szene

(*Buddha mit seinen Schülern. Ein Schüler steht auf.*)

SCHÜLER: O Herr, ich möchte deine Lehren predigen.

BUDDHA: Mach das, doch zuvor würde ich dir gern ein paar Fragen stellen. Du kannst sie sicher beantworten.

SCHÜLER: Allein durch deine Gnade vermag ich sie zu beantworten.

BUDDHA: Sag mir, was tust du, wenn jemand schlecht von dir redet?

SCHÜLER: Mein Herr, ich werde schweigen.

BUDDHA: Sag, wenn er dich schlägt, was wirst du dann tun?

SCHÜLER: Ich werde meine Hand nicht erheben. Ich werde ruhig bleiben.

BUDDHA: Wenn er dich umbringen will, was wirst du tun?

SCHÜLER: Ich werde ruhig bleiben. Ich weiß, daß der Tod unvermeidlich ist. Jeder muß sterben. Auch ich muß eines Tages sterben. Ich werde den Tod nicht rufen, aber meiden werde ich ihn genauso wenig.

BUDDHA: Ich bin mit deinen Antworten höchst zufrieden. Du kannst meine Philosophie predigen. Du hast meinen Segen. (*Zu allen Schülern:*) Heute würde ich gern im Wald spazierengehen. Wer will, kann mich begleiten. (*Alle Schüler folgen Buddha eifrig.*)

II. SZENE

(Buddha und seine Schüler befinden sich im Wald. Ganz plötzlich erscheint ein Räuber namens Angulimal.)

ANGULIMAL: Halt! Halt!

BUDDHA: Ich habe bereits angehalten. Du bist es, der noch immer nicht innehält. Du hast Hunderte von Menschen umgebracht. Du trägst eine Kette aus Daumen um deinen Hals. Ich halte bereits inne; ich ruhe für immer im unendlichen Bewußtsein. Doch du wilderst noch immer in der Welt vitaler Begierden und versuchst, die Welt zu zerstören. Du bist noch nicht zur Ruhe gekommen. Was mich betrifft, so befinde ich mich bereits in der festgegründeten Ruhe des Unsagbaren.

(Angulimal zückt sein Messer und schickt sich an, Buddha zu erstechen, doch Buddhas Licht fängt ihn ein. Er fällt Buddha zu Füßen.)

ANGULIMAL: O Buddha, vergib mir. Vergib meiner Unwissenheit. Vergib mir für alles, was ich der Welt angetan habe, und für das, was ich dir gerade antun wollte.

BUDDHA: Ich habe dir vergeben. Ich habe deiner Vergangenheit vergeben; ich habe deiner Gegenwart vergeben.

ANGULIMAL: Wenn es wahr ist, daß du meiner Vergangenheit und meiner Gegenwart vergeben hast, so beweise es mir.

BUDDHA: Wie soll ich das beweisen?

ANGULIMAL: Nimm mich als deinen Schüler an! Wenn du mich als deinen Schüler annimmst, dann werde ich glauben, daß du mir tatsächlich vergeben hast, o Herr.

BUDDHA: Du bist mein Schüler, Angulimal. Ich nehme dich an.

III. Szene

(Buddha mit seinen Schülern. König Prasenjit tritt auf.)

PRASENJIT: Meister, es tut mir leid, daß ich so lange nicht zu dir kommen konnte. Mein Körper lebt im Palast, doch mein Herz lebt bei dir.

BUDDHA: Ja, mein Sohn, ich weiß. Dein Herz des Strebens und der Hingabe ist hier, doch dein physischer Körper wird vom deinem Königreich gebraucht.

PRASENJIT: Meister, die Welt ist so verkommen. Aber eines Tages wird dein Traum in Erfüllung gehen, und dann wird diese Welt kein Leid mehr kennen. Die Welt wird eines Tages erkennen, daß Begehren die Ursache des Leidens ist. Gegenwärtig sind die Menschen noch damit beschäftigt, sich zu streiten, sich zu bekämpfen und einander zu töten. Ich habe eine traurige Nachricht für dich: Erst letzte Woche wurde ein Mitglied der königlichen Familie vom Räuber Angulimal erstochen. Ich bin sicher, du hast schon von Angulimal gehört. Meinem Verwandten hat er den rechten Daumen abgeschnitten und trägt ihn nun um seinen Hals. Mit wieviel Anstrengung versuchen meine Soldaten, seiner habhaft zu werden! Aber dieser Verbrecher wird wohl nie gefangen werden. Das ist eine traurige Nachricht für mich. Meister, ich bitte dich darum, daß du meinem Verwandten in der inneren Welt hilfst.

BUDDHA: Ich werde ihm bestimmt helfen.

PRASENJIT: Ich bin sicher, Meister, daß ein Tag kommen wird, da sogar ein Mörder wie Angulimal durch dein Licht und dein Mitgefühl verwandelt wird.

(Angulimal ist inzwischen ein Schüler. Er sitzt unter den übrigen Schülern und hört dieser Unterredung zu. Er ist kahl geschoren und trägt das gewöhnliche, einfache Gewand eines Bettelmönches.)

BUDDHA: Prasenjit, Angulimals Verwandlung hat schon stattgefunden.

PRASENJIT: Wie? Wann? Wo?

BUDDHA: *(Zeigt auf Angulimal.)* Dort ist Angulimal.

PRASENJIT: Das ist Angulimal? Der, der Hunderte von Menschen getötet hat? Das ist Angulimal? Das ist der Mörder? Ich sehe Licht um sein Gesicht! Wie ist das möglich?

BUDDHA: Seine Verwandlung hat bereits stattgefunden.

IV. Szene

(König Udayan von Kaushambi und seine Gemahlin Magandiya)

UDAYAN: Magandiya, warum sprichst du immer schlecht von Buddha?

MAGANDIYA: Ich hasse ihn! Ich hasse ihn! Ich hasse ihn! Er hat mich beleidigt! Ich muß mich rächen!

UDAYAN: Wie seltsam, wie seltsam! Ausgerechnet Buddha soll dich beleidigt haben? Wie? Wann?

MAGANDIYA: Bevor ich dich heiratete, liebte ich ihn sehr. Aber er hat meine Liebe brutal zurückgewiesen.

UDAYAN: Ich bin überrascht. Ich bin sicher, er hat deine Liebe sanft und nicht brutal zurückgewiesen.

MAGANDIYA: Sag, was du willst; für mich ist Buddha kein Mann des Mitleids. Für mich ist er ein grausamer Mann. Was er in den Herzen anderer Menschen bewirkt, ist Frustration. Was er im Leben anderer Menschen bewirkt, ist Zerstörung.

UDAYAN: Aber jetzt, wo du mich geheiratet hast, bist du da nicht glücklich mit mir, meine Liebste?

MAGANDIYA: Doch, das bin ich, aber Beleidigung ist Beleidigung. Weder kann ich Buddhas Beleidigung vergessen, noch kann ich ihm vergeben.

(Ein Wächter tritt auf.)

WÄCHTER: (*Grüßt den König und die Königin.*) Buddha und seine Schüler wünschen Euch zu sehen, Eure Majestät.

UDAYAN: Bitte bringe Buddha und seine Schüler herein. Ich bin überglücklich, daß Buddha von sich aus zu meinem Palast gekommen ist.

(*Der Wächter geht hinaus.*)

MAGANDIYA: Buddha! Buddha! Wenn man vom Teufel spricht, kommt er auch schon. Ich kann Buddha nicht ausstehen. Ich kann ihn nicht ertragen! Bleib du bei deinem Buddha, aber ich gehe!

(*Geht zornig hinaus, wobei sie eine Vase zerschmettert.*)

(*Buddha und seine Schüler treten ein. Udayan begrüßt ihn herzlich.*)

UDAYAN: Buddha, bitte nimm auf diesem Thron Platz.

BUDDHA: König Udayan, ich ziehe es vor auf dem Boden zu sitzen.

(*Er setzt sich.*)

Udayan: Wenn du dich auf den Boden setzt, dann soll mein Platz auch auf dem Boden sein, mein Herr.

(*Udayan setzt sich nieder.*)

BUDDHA: Meine Kinder, setzt euch. (*Alle Schüler setzen sich.*) Wo ist die Königin?

UDAYAN: Sie ist sehr beschäftigt. Ich fürchte, sie wird uns keine Gesellschaft leisten können.

BUDDHA: Ich verstehe, König Udayan. Du wirst eine Zeitlang damit beschäftigt sein, meinen spirituellen Lehren zuzuhören, und sie wird damit beschäftigt sein, mich zu beleidigen und zu verfluchen.

Udayan: O Buddha, niemand kann irgend etwas vor dir verbergen. Du weißt einfach alles.

(Buddha lächelt.)

ANANDA: O Herr, warum bist du in das Königreich Kaushambi gekommen, wo die Königin dir doch so feindlich gesinnt ist? Auf unserem Weg zum Palast haben dich so viele Leute beleidigt, verspottet und bedroht. Du weißt doch genau, daß es die Königin war, die sie während der letzten Jahre dazu angestiftet hat, dir all diese ungöttlichen Dinge zu sagen und anzutun.

BUDDHA: Ananda, mein ergebenster Schüler, sag mir eins: Wenn wir woanders hingehen und dort beschimpft werden, wenn wir genauso kritisiert und bedroht werden wie in diesem Reich, was würdest du uns dann raten zu tun?

ANANDA: Herr, dann sollten wir sofort an einen anderen Ort weiterziehen.

BUDDHA: Und wenn wir dort vor das gleiche Problem gestellt würden, was sollten wir dann tun?

ANANDA: In dem Fall, Herr, sollten wir an einen anderen Ort gehen.

BUDDHA: Ananda, wenn das gleiche wieder und wieder passiert, überall, wo wir hingehen, was wirst du da tun?

ANANDA: Jedesmal, wenn wir kritisiert und beschimpft werden, sollten wir woanders hingehen, um unser Glück zu versuchen.

BUDDHA: O Ananda, mein liebes Kind, wenn wir von einem Ort zum nächsten ziehen in der Vorstellung, dort einen besseren Platz zu finden, um die Wahrheit zu manifestieren, werden wir nie Erfolg haben. Die Wahrheit muß hier, wo wir uns gerade befinden, manifestiert werden und nicht irgendwo anders. Wenn die Wahrheit einmal hier errichtet ist, dann wird sie im Handumdrehen überall zu finden sein. Die Wahrheit muß entweder hier oder nirgendwo begründet werden. Wieder und wieder sage ich dir, Ananda, die Wahrheit muß im Innern geschaut, gefühlt und verwirklicht und dann hier auf der Erde manifestiert werden, wo immer wir uns befinden und nirgendwo sonst.

BUDDHAM SARANAM GACCHAMI

Buddham Saranam Gacchami

Mitwirkende:

Wächter
Devadatta, Buddhas Cousin
und enger Freund von Ajatashatru
Ajatashatru, der Prinz, später König
Jaivaka, König Ajatashatrus Arzt
Buddha
Buddhas Schüler

I. Szene

(König Bimbisaras Palast. Devadatta tritt auf.)

WÄCHTER: Dürfte ich erfahren, wen Ihr zu sprechen wünscht, mein Herr?

DEVADATTA: Ja, bitte geh und melde Prinz Ajatashatru, daß sein Freund Devadatta hier ist.

(Der Wächter geht hinaus.)

(Ajatashatru tritt ein.)

AJATASHATRU: Komm herein, komm herein. Ich freue mich sehr, dich zu sehen.

DEVADATTA: Ich möchte dich gerne unter vier Augen sprechen. Ist das möglich?

AJATASHATRU: Ja, komm in mein Gemach, komm in mein Zimmer. Dort sind wir allein.

II. Szene

(Ein wunderschöner Raum. Ajatashatru und Devadatta treten ein.)

DEVADATTA: Ajatashatru, mein Freund, sag mir ganz ehrlich: Bist du auf irgend jemanden eifersüchtig?

AJATASHATRU: Ich glaube nicht.

DEVADATTA: Ich bin es. Ich bin eifersüchtig auf Buddha. Aber meine Eifersucht hilft mir in keiner Weise. Er hat jetzt Tausende von Schülern, während ich nur ein paar habe. Und selbst diese wenigen Anhänger verlassen mich und gehen zu ihm. Ich hasse ihn! Ich will ihn töten!

AJATASHATRU: O, jetzt kommt es mir doch so vor, als wäre ich auch auf jemanden eifersüchtig.

Devadatta: Aha, du bist auch auf jemanden eifersüchtig? Bitte sag mir, auf wen.

AJATASHATRU: Ich bin eifersüchtig auf meinen Vater, den König. Jeder berührt seine Füße, jeder verehrt ihn. Er hat soviel Macht und Reichtum.

DEVADATTA: Siehst du, du hast genausoviel Anlaß, auf deinen Vater eifersüchtig zu sein, wie ich auf Buddha. Aber dein Problem können wir ganz leicht lösen.

AJATASHATRU: Wenn du mein Problem löst, werde ich auch versuchen, dein Problem zu lösen, Devadatta.

DEVADATTA: Ajatashatru, dein Vater ist alt. Es ist höchste Zeit für ihn, sich auszuruhen und sich zurückzuziehen, aber diese alten Männer machen nie Platz. Selbst bis zum letzten Augenblick wollen sie die Welt genießen, wollen sie der Welt ihren Willen aufzwingen. Du hast deinen Vater doch in jeder Hinsicht übertroffen. Du hast Stärke; du hast Macht. Wirf den alten Mann einfach ins Gefängnis, und dann wirst du König. Du kannst sein Reich friedlich und tapfer regieren. Wer kann dich daran hindern? Ich werde dir helfen.

AJATASHATRU: Das ist eine ausgezeichnete Idee, eine ausgezeichnete Idee! Das werde ich tun. Und bin ich erst König, das verspreche ich dir, Devadatta, dann werde ich dir helfen, Buddha umzubringen.

DEVADATTA: Denk daran, dein Versprechen einzulösen, Ajatashatru. Jetzt bist du der Prinz, aber du wirst bald König sein. Und es ist mein Ratschlag, der es dir ermöglicht, König zu werden.

AJATASHATRU: Ich bin kein Lump. Ich werde deine Hilfe nicht vergessen. Ich will König werden und mit deinem Rat werde ich meinen Wunsch erfüllen. Dann werde ich dir helfen, Buddha aus dem Wege zu schaffen.

III. Szene

(Einige Monate später. König Ajatashatru fragt seinen Arzt Jaivaka um Rat.)

AJATASHATRU: Warum leide ich an allen möglichen Krankheiten und Gebrechen, seit ich König bin? Als Prinz war ich immer gesund und robust. Doch jetzt habe ich meine ganze Gesundheit eingebüßt. Liegt es an der Belastung durch meine Arbeit?

JAIVAKA: Nein, König, das ist es nicht, was Euer Leiden verursacht.

AJATASHATRU: Warum leide ich dann?

JAIVAKA: Eure Krankheit, König, ist psychischer Natur. Ihr habt eine innere Erkrankung.

AJATASHATRU: Welche Art von innerer Erkrankung? Was meint Ihr mit innerer Erkrankung, Jaivaka? Wie werdet Ihr mich heilen?

JAIVAKA: O König, ich werde schwerlich in der Lage sein, Euch zu heilen, denn Eure Erkrankung ist nicht körperlich. Eure Krankheit ist geistig, seelisch, spirituell. Allein Buddha kann Euch heilen.

AJATASHATRU: Buddha? Buddha, der Meister? Wißt Ihr, daß Devadatta und ich enge Freunde sind, sehr enge Freunde?

JAIVAKA: Ja, ich weiß das. Und ich weiß außerdem, daß Devadatta Euch geholfen hat, König zu werden.

AJATASHATRU: Freilich, das hat er getan. Und ich versprach ihm, daß ich ihm dabei helfen würde, Buddha aus dem Weg zu räumen.

JAIVAKA: Auch das habe ich gehört. Ich bin mir dessen völlig bewußt.

AJATASHATRU: Warum sagt Ihr dann, daß Buddha mich heilen könne? Das ist doch unmöglich.

JAIVAKA: O König, wollt Ihr, daß ich Euch die Wahrheit sage oder daß ich Euch schmeichle? Kein gewöhnlicher Arzt kann Euch heilen. Nur der Arzt Buddha kann Euch heilen. Euer Herz ist überaus rein. Euer Herz fühlt sich elend in Anbetracht dessen, was Ihr Eurem Vater angetan habt und was Ihr Buddha, dem unschuldigen Buddha, dem Licht der Welt, zufügen wolltet. Einmal ließt Ihr einen Felsen auf ihn zurollen, als er gerade auf seine Schüler meditierte, der Felsen aber änderte seine Bahn, bevor er Buddha erschlagen konnte. Ein anderes Mal ließt Ihr einen wilden Elefanten auf ihn los, der ihn vernichten sollte. Aber Buddha sah den Elefanten einfach an, und der Elefant verbeugte sich vor ihm. Von Devadatta angestachelt, habt Ihr auf verschiedene Arten versucht, ihn zu töten, aber jedesmal seid Ihr gescheitert und Ihr werdet stets scheitern. Buddha hat die höchste Wahrheit verwirklicht. Euer Herz schreit nach der höchsten Wahrheit. Das ist Eure Krankheit, die Krankheit Eures spirituellen Herzens. Wenn Ihr tatsächlich geheilt werden wollt, dann geht zu Buddha. Er ist der göttliche Arzt, der höchste Arzt. Niemand auf Erden außer Buddha vermag Euch zu heilen. Er kann und wird es tun.

AJATASHATRU: Ihr, der menschliche Arzt, Ihr schickt mich zu dem göttlichen Arzt. Ich bin Euch dankbar. Mein Leben vitalen Begehrens ist beendet. Mein Leben des Strebens der Seele beginnt mit Eurem göttlichen Rat.

JAIVAKA: Eure Seele ist mehr als bereit, Buddhas Licht anzunehmen. Buddha, das Unendliche Licht, wird Ajatashatru, den König der Unwissenheit, verwandeln in Ajatashatru, das Licht der unsterblichmachenden Seligkeit.

IV. Szene

*(Buddha mit Hunderten von Schülern. König
Ajatashatru tritt auf. Alle Schüler geraten in Aufregung.
Ajatashatru wirft sich vor Buddha nieder.)*

AJATASHATRU: O Herr der Welt, aus unserer ungeheuren
Unwissenheit heraus haben mein Freund Devadatta und ich
mehrere Male versucht, Euch zu töten, doch wir scheiterten, wir
scheiterten kläglich. Heute liege ich zu Euren erhabenen Füßen,
um von Eurer Weisheitssonne auf der Stelle getötet zu werden.

BUDDHA: O König, ...

AJATASHATRU: Meister, ich bin nicht Euer König. Ihr seid
der König meines Herzens und meiner Seele. Ich bin Euer
nichtswürdiger Sklave.

BUDDHA: Du bist nicht mein Sklave, du bist mein Sohn,
mein auserwählter Sohn. Meine Mitleidssonne vergibt deiner
Unwissenheitsnacht. Meine Weisheitssonne erleuchtet und befreit den Schrei deines Herzens und macht ihn unsterblich.

(Devadatta tritt auf. Er fällt Buddha zu Füßen.)

DEVADATTA: Siddhartha, als wir beide noch recht jung
waren, stritt ich mit dir um den Besitz eines Vogels. Die Kraft
meines unbändigen, ungöttlichen Vitalen mußte vor der Kraft
deines allliebenden Herzens kapitulieren. Du gewannst den
Vogel. Ich sagte dir, daß ich eines Tages mit meiner vitalen Liebe
zur Macht die Macht der Liebe deines Herzens bezwingen
würde. Seither versuchte ich auf Hunderten von Wegen, dich zu
demütigen, deine Mission zu vernichten und dich zu töten, aber
es mißlang mir. Du vergabst mir damals, Siddhartha. Jetzt, o

Buddha, bittet mein schändliches Leben verzweifelt um deine Vergebung.

BUDDHA: Devadatta, Vergebung sei dir gewährt.

DEVADATTA: O Buddha, wenn du wirklich dieser unmenschlichen Kreatur verzeihst, dann gewähre mir aus deiner unendlichen Güte heraus noch etwas anderes. Dein Herz des Mitgefühls nahm sich des unschuldigen Vogels an. Jetzt bitte ich dich, daß du dich des klagenden, blutenden Vogels in meinem Herzen annimmst. Und ich bitte dich auch darum, seinen Käfig, diesen Körper, zu behüten.

(Devadatta singt dreimal:)

Buddham saranam gacchami.
Dhammam saranam gacchami.
Sangham saranam gacchami.

(Ich nehme meine Zuflucht bei Buddha.
Ich nehme meine Zuflucht beim Dharma.
Ich nehme meine Zuflucht beim Orden.)

SARIPUTRA,
DU BIST EIN NARR

Sariputra,
du bist ein Narr

Mitwirkende:

Buddha
Sariputra, ein Schüler

I. Szene

(Buddha und sein Schüler Sariputra)

SARIPUTRA: O Buddha, mein Herr, du bist der größte aller spirituellen Meister. Keiner vor dir hat deine Höhe erreicht, und niemand nach dir wird dir gleichen können. Du bist einzigartig. Du wirst stets unerreicht bleiben. Niemand ist deiner Verwirklichung nahegekommen, und niemand wird je deiner Verwirklichung nahekommen.

BUDDHA: Sariputra, woher weißt du, daß niemand vor mir das erreicht hat, was ich erreicht habe? Und woher nimmst du die Gewißheit, daß mich in Zukunft keiner übertreffen wird? Wie kannst du so etwas sagen? Weißt du irgend etwas von der Vergangenheit? Weißt du irgend etwas über die Zukunft?

SARIPUTRA: O Herr, ich weiß überhaupt nichts von der Vergangenheit oder über die Zukunft, aber ich weiß alles über dich.

BUDDHA: Sariputra, du bist ein Narr. Du weißt sehr wenig über mich. Ein spiritueller Meister meiner Größe kann von niemandem auf Erden vollkommen erkannt werden. Du siehst meine äußere Geschichte, mein äußeres Leben. Aber mein inneres Leben nimmst du nicht wahr, du kannst es gar nicht wahrnehmen. In meinem äußeren Leben vollbringe ich vielleicht zehn Dinge am Tag. In meinem inneren Leben führe ich täglich Millionen von Handlungen aus. Das innere Leben eines spirituellen Meisters wird immer ein Mysterium bleiben. Das äußere Leben des Meisters kann man beobachten, doch man wird es nicht immer verstehen. Sehr oft wird man es mißverstehen. Daher, Sariputra, weißt du von meinem äußeren Leben so gut wie nichts, und über mein inneres Leben weißt du überhaupt nichts.

SARIPUTRA: Ich weiß nichts, zugegeben. Aber ich weiß, wer du bist. Du bist meine Befreiung und du bist mein Alles.

BUDDHA: Sariputra, denke nicht an die Vergangenheit. Denke nicht an die Zukunft. Denke nur an die Gegenwart. Die Vergangenheit haben wir hinter uns gelassen. Die Zukunft ist noch nicht da. An das zu denken, was wir hinter uns gelassen haben, ist nutzlos, und an Dinge zu denken, die noch nicht geschehen sind, ist ebenso nutzlos. Vergiß die Vergangenheit, vergiß die Zukunft. Beachte nur die Gegenwart. Heute mußt du emporstreben. Heute mußt du verwirklichen. Heute mußt du manifestieren. Heute mußt du all deine Begierden überwinden. Heute mußt du all dein spirituelles Streben zum Vorschein bringen. Heute mußt du zu dem werden, was du innerlich bist: Licht. Heute mußt du der ganzen Welt darbringen, was du hast: Licht.

BUDDHA UND ANANDA

BUDDHA UND ANANDA

MITWIRKENDE:

BUDDHA
ANANDA, SEIN LIEBSTER SCHÜLER
EINE GRUPPE VON EINIGEN ENGEN SCHÜLERN

I. Szene

(Buddha und Ananda)

BUDDHA: Ananda, ich bin jetzt ein alter Mann. Ich bin achtzig Jahre alt. Ananda, fünfzig Jahre lang habe ich gelehrt und gepredigt. Es ist Zeit für mich, diese Welt zu verlassen. Ich bin schwach, ich bin krank. Mein ganzer Körper ist zerrüttet, Ananda. Dieser Körper kann hier auf der Erde nicht mehr von Nutzen sein.

ANANDA: *(vergießt Tränen)* Nein, Meister, nein. Du mußt noch lange bei uns bleiben. Deine bloße Gegenwart ist ein großer Segen für die Menschheit. Dieser Mönchsorden ist noch nicht gefestigt. Der Sangha braucht deine körperliche Anwesenheit.

BUDDHA: Ananda, willst du damit sagen, daß der Sangha etwas Neues von mir erwartet? Meinst du, daß ich nicht klar genug dargelegt habe, was ich über diesen Dharma zu sagen habe? Ich habe euch nichts vorenthalten. Niemals bin ich euch gegenüber verschwiegen oder gleichgültig gewesen. Außerdem habe ich nie daran gedacht, daß ich den Sangha leiten und organisieren müßte und daß er stets von mir abhängen würde. Warum sollte ich also bleiben? Warum sollte ich noch länger an den Aktivitäten der Sangha beteiligt sein? Ananda, von nun an sei selbständig. Glaube an dich selbst. Führe ein spirituelles Leben. Du wirst die höchste Wahrheit verwirklichen. Nur wer dem Dharma folgt, nur wer beim Dharma Zuflucht sucht, wird in die Welt der Seligkeit eingehen, und sonst niemand.

ANANDA: Ach, Buddha, mein Herr, was du sagst, ist vollkommen wahr, doch unsere Herzen können ohne dich nicht leben. Wir brauchen dich. Wir werden dich ewig brauchen.

BUDDHA: Ananda, du brauchst mich. Ich brauche dich. Die Ewige Wahrheit wiederum braucht uns beide. Die Ewige Wahrheit braucht mich in der Welt des Jenseits und die gleiche Wahrheit braucht dich hier auf der Erde. Mein Leben ist an seinem Ende angelangt. Alle Erfahrungen der Welt bringe ich der Welt dar. Gestern aß ich in Chundas Haus. Seitdem fühle ich mich schwächer, aber ich möchte dir versichern, daß sein Essen nicht an dieser Schwäche schuld ist. Ich leide, das ist wahr, aber das liegt überhaupt nicht an ihm. Er bediente mich mit größter Liebe und Hingabe. Niemand sollte ihn beschuldigen, wenn ich sterbe. Ich gebe ihm meinen innigsten Segen. Bevor ich erleuchtet war, bevor ich der Buddha wurde, war es Sujatas Essen, das mir half, auf der Erde zu leben. Ihr Essen ermöglichte es mir, zu meditieren. Und jetzt ist es Chundas Essen, das mir hilft, in das höchste Nirvana einzugehen. Ich kann zwischen Sujatas Essen und Chundas Essen keinen Unterschied sehen. Beide haben einem ganz bestimmten Zweck gedient.

(Ein paar enge Schüler treten auf.)

ANANDA: Schaut! Schaut! Heute ist Buddhas ganzer Körper von Licht überflutet. Dieses Licht haben wir noch niemals an ihm gesehen. Welch ein himmlisches Licht!

DIE SCHÜLER: Ja, Herr, heute sehen wir etwas völlig Neues in dir, etwas, das wir nie zuvor wahrgenommen haben. Dein ganzes Gesicht ist von Licht und Glückseligkeit überflutet.

BUDDHA: Ananda, der heutige Tag erinnert mich an meine Tage zu Füßen des Bodhi-Baums. Unmittelbar bevor ich das Nirvana erreichte, besaß dieser Körper das gleiche Licht, die gleiche Seligkeit. Heute ist dieser Körper wiederum von Licht und Glückseligkeit überflutet. Du siehst das zum ersten Mal. Aber ich sehe es zum zweiten Mal. Der Tag geht zu Ende und mein Aufenthalt auf der Erde endet mit ihm. Deshalb seht ihr alle dieses Licht in mir und um mich herum.

(Ananda bricht in Tränen aus und schickt sich an wegzugehen.)

BUDDHA: Ananda, bleib hier. Geh nicht fort. Mein Leben ist jetzt in Minuten meßbar. Ananda, weine nicht um mich. Ich befehle euch allen, nicht um mich zu weinen. Ananda, ich habe dir oft gesagt, daß alles Irdische vergänglich ist. Hier gibt es nichts, das ewig währt. Alles, was in das Leben tritt, muß das Leben wieder aufgeben. Du hast mir sehr ergeben, sehr seelenvoll gedient, Ananda, und dafür gewähre ich dir meinen letzten Segen. Geh mit deiner inneren Stärke weiter, und du wirst Befreiung erlangen. Du wirst deine Befreiung zur rechten Zeit erreichen. Meine spirituelle Reise begann mit Entsagung und Mitleid, und heute, am Ende meiner Reise, gebe ich der Welt die gleiche Botschaft: Entsagung und Mitleid. O Ananda, sei nicht traurig.

(Buddha stirbt.)

U Thant, früherer UNO-Generalsekretär, bei der Uraufführung von "Siddhartha Becomes the Buddha" am 25. Mai 1973.

Nach der Begrüßung durch Sri Chinmoy mit einer Blumengirlande und einigen Worten hielt auch U Thant eine kurze Ansprache: "Verehrter und hochgeschätzter Sri Chinmoy, liebe Brüder und Schwestern, es ist ein großes Privileg für mich, an dieser spirituell bereichernden Erfahrung teilzuhaben. Dafür bin ich unserem geschätzten Lehrer Sri Chinmoy zutiefst dankbar.

Sri Chinmoy war so freundlich, mir ein Exemplar des Buches "Siddhartha Becomes the Buddha" zuzusenden. Ich habe es mit großem Interesse, mit großer Bewunderung und großem Nutzen gelesen. Natürlich ist es außerordentlich schwer, die wichtigsten Stationen aus Buddhas Leben in nur wenigen Minuten oder einer Stunde darzustellen. Doch ich fand, daß Sri Chinmoy diese Aufgabe auf höchst bemerkenswerte Weise erfüllt hat, indem er das Stück in einfacher Sprache präsentiert, die selbst ein Uneingeweihter versteht. Seine Betonung der grundlegenden Merkmale des Buddhismus — von Mitgefühl, Liebe, Entsagung und Frieden — sollte politische und geistige Führer überall zum Nachdenken anregen. Wie Sie alle wissen, bin ich als Buddhist aufgewachsen, in der Tradition, im Glauben und in der Praxis. Und ich finde mich in vollkommener Übereinstimmung mit Sri Chinmoy in seiner Beschreibung der ethischen und moralischen Aspekte des Buddhismus, die in meinen Augen die Grundlage für jeden von uns sein sollten, auf unserer Suche nach innerem Licht, auf unserer Suche nach Wahrheit.

Sri Chinmoy hat in diesem Stück auch ein sehr lebendiges Bild von der Identität von Gott und Wahrheit, von Seele und innerem Licht gezeichnet, das, so hoffe ich sehr, ein anhaltendes Interesse an diesen beiden großen Religionen wecken wird — dem Hinduismus und dem Buddhismus.

Ich bin zutiefst überzeugt, daß nur durch die praktische Anwendung der Lehren großer spiritueller Führer, besonders durch die Entwicklung der moralischen und spirituellen Aspekte des Lebens, wie sie Sri Chinmoy in diesem Theaterstück hervorgehoben hat — durch Liebe, Mitgefühl, Toleranz, die Philosophie des "Leben und leben lassen", Bescheidenheit und sogar Demut —, daß wir nur mit diesem Ansatz, mit dieser Methode fähig sein werden, die Gesellschaft zu gestalten, die wir uns wünschen — eine wahrhaft moralische Gesellschaft, eine anständige, lebenswerte Gesellschaft, die das Ziel aller großen Religionen ist.

Ich möchte vor allem jenen Freunden danken, die in diesem Stück mitwirken. Ich wünsche Ihnen allen inneren Frieden und ewige Freude, vor allem die innere Freude. Ich danke Ihnen Sri Chinmoy, vielen Dank."

Über den Autor

Sri Chinmoy wurde 1931 im heutigen Bangladesh geboren. Mit 13 Jahren trat er mit seinen Geschwistern in eine spirituelle Gemeinschaft in Südindien ein, wo er 20 Jahre lang die Kunst der Meditation lernte und vervollkommnete. Seit 1964 lebt er in New York. Hier hat er in den letzten 30 Jahren ein vielseitiges Wirken mit einer beispiellosen Kreativität entfaltet und dadurch Menschen auf der ganzen Welt inspiriert, ein Leben des inneren Friedens und der äußeren Dynamik zu führen und dabei innere wie äußere Begrenzungen zu überwinden.

Sri Chinmoy lehrt einen Weg des Herzens, einen ganzheitlichen Yogaweg, der das westliche Leben mit den spirituellen Werten des Ostens harmonisch zu vereinen sucht. Durch regelmäßige Meditation auf das Herzzentrum erfährt der Suchende inneren Frieden, Freude, Licht und Liebe. Diese Philosophie der Liebe und des Einsseins mit dem höchsten inneren Selbst läßt Gott und den Menschen als Aspekte desselben Bewußtseins in natürlicher Weise erlebbar werden.

Auf vielfältige Weise drückt Sri Chinmoy seine spirituellen Erfahrungen und Erkenntnisse durch Poesie, Malerei, Musik und Sport für den nach Wahrheit suchenden Menschen faßbar aus. Ein unermeßlicher Reichtum von Gedichten, Texten, Gemälden und Liedern zeugt von der lebendigen und wirklichkeitsnahen Weisheit Sri Chinmoys.

Als anerkannter Meister der Meditation lehrt er seine Schüler durch seine innere und äußere Gegenwart. Die intensive Arbeit an der eigenen Persönlichkeit bildet für ihn die Grundlage zu einer besseren, friedvollen Welt. "Friede beginnt im Herzen des einzelnen" ist zum Leitsatz seiner weltweiten Friedensarbeit geworden.

Dazu gehören unter anderem seine stets kostenlosen meditativen Konzerte, die seit 1984 tausenden Menschen auf der ganzen Welt durch das Medium von Musik und stiller Meditation eine Erfahrung inneren Friedens und spiritueller Kraft vermittelt haben. Seit 1970 leitet Sri Chinmoy überkonfessionelle Friedensmeditationen am Hauptsitz der Vereinten Nationen in New York, die Botschaftern und Angestellten der UNO Gelegenheit zur Sammlung und Besinnung auf die grundlegenden Ideale der Organisation geben. Auch am Amerikanischen Kongreß, am Pentagon und am Britischen Parlament hat Sri Chinmoy Friedensmeditationen gehalten.

Als hervorragender Sportler entdeckte Sri Chinmoy die fruchtbare Verbindung von Sport und Meditation als zwei sich ergänzende Wege zu persönlicher Entwicklung und zu innerem wie äußerem Frieden. Er entwickelte sich zum passionierten Langstreckenläufer und begründete das internationale Sri Chinmoy Marathon Team, das für seine Sportveranstaltungen, vor allem im Ultrabereich, weltweit hohe Anerkennung genießt. Mit erstaunlichen Leistungen im einarmigen Gewichtheben, in denen die aus Gebet und Meditation gewonnene Kraft inneren Friedens zum Ausdruck kommt, verblüffte Sri Chinmoy vor wenigen Jahren Experten aus aller Welt. In seinem Programm *Lifting Up the World with a Oneness-Heart* (die Welt mit einem Herzen des Einsseins emporheben) verwendete er diese innere Kraft, um über 2000 Personen in aller Welt einarmig auf einer Plattform in die Höhe zu heben, um sie damit für ihren Dienst an der Menschheit zu ehren.

1987 rief Sri Chinmoy den Weltfriedenslauf (*Sri Chinmoy Oneness-Home Peace Run*) ins Leben. Dieser Friedenslauf, der alle zwei Jahre stattfindet, ist die größte und längste Staffel der Welt. Hunderttausende von Menschen tragen dabei Fackeln des Friedens durch mittlerweile mehr als 80 Nationen über eine Strecke von mehr als 50 000 km und setzen damit ein Zeichen der

Verbundenheit über nationale, politische, kulturelle und welt-
anschauliche Grenzen hinweg. Zahlreiche Staatsoberhäupter
und führende Persönlichkeiten aus allen Lebensbereichen haben
diesen Lauf unterstützt oder selbst die Fackel getragen. Im
Rahmen des *Peace Run* wurden bereits 1000 Stätten auf der Welt
als *Sri Chinmoy Peace Blossoms* offiziell dem Frieden gewidmet,
u.a. die Niagarafälle, das im Vietnamkrieg schwer umkämpfte
Mekong Delta der Provinz Long An, die kanadische Landeshauptstadt Ottawa, die australische Landeshauptstadt Canberra,
die Bundeshauptstadt von New York State, Albany, die Zugspitze
in Deutschland, das Matterhorn in der Schweiz, sowie zahlreiche länderverbindende Brücken in Europa und Amerika.

In Anerkennung seines selbstlosen Wirkens, seiner Inspira-
tionskraft und seiner unermüdlichen Bemühungen für Frieden
und Verbundenheit unter den Menschen wurde Sri Chinmoy von
führenden Persönlichkeiten als "erster globaler Mensch des 20.
Jahrhunderts" und als "Botschafter des Friedens" gewürdigt und
erhielt von verschiedenen Universitäten die Ehrendoktorwürde
verliehen. Als Ehrenbürger von 34 Bundesstaaten der USA und
Ehrenpatron des amerikanischen Zweiges der Bharatiya Vidya
Bhavan, der bedeutendsten kulturellen Organisation Indiens, ist
er ein anerkannter Brückenbauer zwischen Ost und West.

Meditation
Menschliche Vervollkommnung in göttlicher
Erfüllung, 373 S.

In diesem Buch finden Sie eine klare, praktische und umfassende Einführung in die Meditation. Mit einfach beschriebenen Übungen und Techniken und vielen Fragen, die Sri Chinmoy beantwortet, können Sie die Kraft der Konzentration, Meditation und Kontemplation kennenlernen und den Einstieg in das spirituelle Leben finden.
Eines der erfolgreichsten Kurs- und Lehrbücher über Meditation.

Träume

und ihre spirituelle Bedeutung, 123 S.

Unsere Träume sind voller Geheimnisse. Woher kommen Sie? Was bedeuten Ihre Bilder? Was können wir von Ihnen lernen? Sri Chinmoy gibt in diesem Buch einen faszinierenden Einblick in das Wesen der Träume, nicht aus psychologischer, sondern aus spiritueller Sicht.
* Wie man gute Träume haben kann
* Traumbedeutungen
* Bewußtseinsebenen, von denen Träume kommen
* Träume als Wirklichkeiten von anderen Welten
* Bewußtes Träumen
* Verwandlung negativer Träume
* Gebet, Meditation und Traumerfahrung

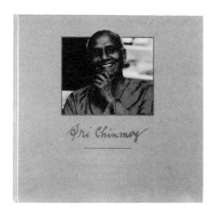

Gelebte Spiritualität
Bildband, 152 Seiten, 70 Farbfotos

Ein bezaubernder Bildband mit Fotos aus dem Leben des Meditationsmeisters Sri Chinmoy — in tiefer Meditation, bei Konzerten, bei seiner Malerei, beim Sport, im täglichen Leben, wie ihn seine Schüler kennen — verbunden mit Aussprüchen und Lebensweisheiten, die das alltägliche Leben erfüllend gestalten können.

Ein Buch, das uns inspiriert, Spiritualität zu leben — den Weg zum Meer des Friedens und der Wonne in uns zu gehen.

Die Texte sind viersprachig: deutsch, englisch, französisch und italienisch.

Colour Kingdom
Bildband, 152 Seiten,
mit 52 ganzseitigen Farbtafeln zum Meditieren

Jede Farbe hat auch in der inneren Welt ihre spezielle Bedeutung und Wirkung. In Colour Kingdom - *Königreich der Farben* - erläutert Sri Chinmoy die spirituelle Bedeutung der 52 wichtigsten Farben und die allgemeine Bedeutung der Farben in der inneren Welt.

Sie finden ein wunderschön gestaltetes Buch mit 52 Farbtafeln, das Ihnen die Möglichkeit gibt, auf die Eigenschaften zu meditieren, die Sie gerade am meisten ansprechen oder die Sie am dringendsten benötigen.

Ein Buch, das bis jetzt noch unter den esoterischen Büchern gefehlt hat.

Weisheiten für jeden Tag

Friedensfunken
kartoniert, 144 Seiten,
illustriert mit Zeichnungen des Autors

"Kein Verlangen nach Gewinn, keine Angst vor
Verlust. Siehe da! Friede ist dein."
"Das sonnenhelle Lächeln deiner Augen kommt
geradewegs vom Frieden deines Herzens."
Tiefgründige, seelenvolle Gedichte über inneren
und äußeren Frieden.

Sehnsuchtsflammen
kartoniert, 144 Seiten,
illustriert mit Zeichnungen des Autros.

Gedichte aus der Tiefe des Herzens, die unsere
innere Sehnsucht zu Gott und zu unserem eigent-
lichen Selbst ausdrücken.
"Mein Herr, gib mir die süße Hoffnung zu fühlen,
daß ich Dich auf Deine eigene Weise erfüllen
und Dir gefallen kann."

Gebet und Meditation
kartoniert, 144 Seiten,
illustriert mit Zeichnungen des Autors.

Gedichte, die die Beziehung zu Gott durch Gebet und Meditation zeigen und uns bewußt werden lassen, welchen unschätzbaren Wert wir
daraus erhalten.
"Wir beten zu Gott der Macht. Doch Gott der
Liebende beantwortet unsere Gebete."

Weitere Informationen über Bücher, Meditationsmusik und Videos von Sri Chinmoy sowie über Konzerte und Veranstaltungen sind erhältlich bei:

The Golden Shore
Verlagsges. mbH
Glockendonstr. 31
D-90429 Nürnberg
* * *
Tel. 0911-28 88 65
Fax 0911-28 84 12

●

The Golden Shore
Manuela Dam-Widder
Auerspergstr. 10/5
A-5020 Salzburg
Tel. 0662-624 135

●

Oneness-World
Daniela Weingartner
Steinberggasse 22
CH-8400 Winterthur
Tel. 052-212 16 36
Fax. 052-212 16 36